The Book of Answers
Copyright © 2001, 2018, 2022 by Carol Bolt
Todos os direitos reservados.

Tradução para a língua portuguesa
© Verena Cavalcante, 2022

Diretor Editorial
Christiano Menezes

Diretor Comercial
Chico de Assis

Gerente Comercial
Giselle Leitão

Gerente de Marketing Digital
Mike Ribera

Gerentes Editoriais
Bruno Dorigatti
Marcia Heloisa

Editora
Raquel Moritz

Editora Assistente
Talita Grass

Capa e Projeto Gráfico
Retina 78

Coord. de Arte
Arthur Moraes

Coord. de Diagramação
Sergio Chaves

Finalização
Sandro Tagliamento

Revisão
Retina Conteúdo

Impressão e Acabamento
Coan Gráfica

DADOS INTERNACIONAIS DE CATALOGAÇÃO NA PUBLICAÇÃO (CIP)
Jéssica de Oliveira Molinari - CRB-8/9852

Bolt, Carol
  O livro das respostas / Carol Bolt ; tradução de Verena Cavalcante;
— Rio de Janeiro : DarkSide Books, 2022.
  352 p.

  ISBN Moon Edition: 978-65-5598-178-0
  ISBN Secret Edition: 978-65-5598-179-7
  Título original: The Book of Answers

  1. Adivinhação I. Título II. Cavalcante, Verena

22-1447   CDD 133.3

Índices para catálogo sistemático:
1. Adivinhação

[2022]
Todos os direitos desta edição reservados à
 DarkSide® *Entretenimento LTDA.*
Rua General Roca, 935/504 — Tijuca
20521-071 — Rio de Janeiro — RJ — Brasil
www.darksidebooks.com

CAROL BOLT

O LIVRO DAS RESPOSTAS

a sabedoria está na simplicidade

Tradução
Verena Cavalcante

DARKSIDE

COMO UTILIZAR O LIVRO

O LIVRO DAS RESPOSTAS

PASSO A PASSO

1º Segure o livro fechado entre as mãos, deixe-o no seu colo ou coloque-o em cima de uma mesa.

2º Concentre-se em uma única pergunta por 10 ou 15 segundos. Ela deve ser direta, como, por exemplo: "Devo abrir meu coração para o amor?" ou "Estou procurando pelo emprego certo?".

3º Enquanto mentaliza a pergunta, gire o livro nas mãos para escolher um sentido de leitura e, sem olhar, busque a página que fala com o seu coração.

4º Quando sentir que é o momento certo, abra o livro. Lá estará a sua resposta.

↻ Repita o processo sempre que quiser fazer uma nova pergunta.

VOCÊ NÃO SE DECEPCIONARÁ.

MOSTRE SUA GRATIDÃO.

SUAS AÇÕES
VÃO MELHORAR
AS COISAS.

NÃO CONTE
COM ISSO.

ADOTE UMA
ATITUDE
AVENTUREIRA.

SIGA O CONSELHO DE ESPECIALISTAS.

VOCÊ PODE
ACHAR DIFÍCIL SE
COMPROMETER.

**CONCENTRE-SE
NO QUE ACONTECE
NA SUA CASA.**

PRIMEIRO, INVESTIGUE. DEPOIS, APROVEITE.

DEFINITIVAMENTE.

FAÇA APENAS UMA VEZ.

ALGUÉM VAI SE OPOR A VOCÊ.

ISSO É IMPREVISÍVEL.

VOCÊ PRECISARÁ TOMAR A INICIATIVA.

CONSIDERE ISSO UMA OPORTUNIDADE.

AJA COM INTENÇÃO.

DE JEITO NENHUM.

EXPLORE A SITUAÇÃO COM ENTUSIASMO E CURIOSIDADE.

TALVEZ QUANDO
VOCÊ TIVER
MAIS IDADE.

ESTEJA
DELICIOSAMENTE
CERTO DISSO.

É MELHOR
ESPERAR.

PRIORIZE O QUE É IMPORTANTE.

PARECE GARANTIDO.

DÊ MAIS ESPAÇO PARA ESSE SENTIMENTO.

FAÇA LOGO.

GUARDE PARA SI.

PERMITA-SE
DESCANSAR
PRIMEIRO.

É SENSATO.

VOCÊ DESCOBRIRÁ DURANTE O PERCURSO.

COISAS INCRÍVEIS PODEM VIR DISSO.

A RESPOSTA
PODE CHEGAR ATÉ
VOCÊ ATRAVÉS DE
OUTRA LÍNGUA.

VOCÊ PRECISARÁ SE ACOMODAR.

DUVIDE DISSO.

ISSO TE TRARÁ BOA SORTE.

SERÁ DESAFIADOR, MAS VOCÊ ENCONTRARÁ SERVENTIA NISSO.

SEJA PACIENTE.

VOCÊ DESCOBRIRÁ TUDO O QUE PRECISA SABER.

EXISTE AQUI UMA LIGAÇÃO SIGNIFICATIVA COM OUTRA SITUAÇÃO.

OBSERVE PARA VER O QUE ACONTECERÁ.

AGORA VOCÊ
SABE MELHOR DO
QUE NUNCA.

ISSO AFETARÁ A FORMA COMO AS OUTRAS PESSOAS TE ENXERGAM.

REPENSE SUA ABORDAGEM.

VOCÊ VAI
FICAR FELIZ DE
TER FEITO ISSO.

DEIXE POR ESCRITO.

ALGO POUCO FAVORÁVEL NESTE MOMENTO.

ISSO NÃO DEVE SER FEITO DE FORMA LEVIANA.

APRIMORE-SE O MÁXIMO POSSÍVEL.

ISSO ACONTECERÁ
SE VOCÊ AGIR
COMO DEVE.

SE JÁ ACONTECEU, DEIXE SEGUIR.

NÃO PEÇA MAIS NADA NESTE MOMENTO.

EVITE A PRIMEIRA OPÇÃO QUE SE APRESENTA.

VOCÊ DARÁ A PALAVRA FINAL.

PROSSIGA EM UM
RITMO MAIS LENTO.

A MELHOR SOLUÇÃO
NEM SEMPRE É
A MAIS ÓBVIA.

SEJA FLEXÍVEL.

**RESPEITE
AS REGRAS.**

TOME AS RÉDEAS DA SITUAÇÃO.

ESCOLHA SUAS PALAVRAS COM CUIDADO.

NÃO SE PRENDA A UM IDEAL ULTRAPASSADO.

SERÁ UMA LUTA.

VOCÊ TERÁ TODO
O APOIO DE
QUE PRECISA.

A PREVISÃO DIZ
QUE VOCÊ VAI
AGRADECER.

APROVEITE A EXPERIÊNCIA.

SUA ABORDAGEM DEVE SER CAUTELOSA.

SEJA O SEU
MELHOR
ADVOGADO.

**FIQUE FELIZ
PELOS OUTROS.**

PRESTE ATENÇÃO
NOS DETALHES.

TENHA CUIDADO ONDE PISA.

MANIFESTE-SE SOBRE ISSO.

NÃO HESITE.

É UM BOM MOMENTO PARA PENSAR EM UM NOVO PLANO.

É HORA DE PARTIR
PARA OUTRA.

COMPROMETIMENTO SEMPRE TRARÁ BONS RESULTADOS.

TALVEZ NÃO SEJA
O MAIS LÓGICO
A SE FAZER.

NÃO HÁ GARANTIA.

AS CIRCUNSTÂNCIAS PODEM MUDAR RAPIDAMENTE.

NÃO SE PRENDA
ÀS EMOÇÕES.

MUDE O FOCO.

VOCÊ TEM ALGO SIGNIFICATIVO EM VISTA.

PRIORIZE O QUE FOR IMPORTANTE PARA VOCÊ.

FAÇA UMA LISTA DE PRÓS E CONTRAS.

NÃO ESPERE.

NÃO TENHA PRESSA.

HÁ UMA BOA RAZÃO
PARA SER OTIMISTA.

ISSO É ALGO QUE VOCÊ NÃO ESQUECERÁ.

BUSQUE MAIS ALTERNATIVAS.

SIGA COM AS SUAS OBRIGAÇÕES.

LIDE COM ISSO DEPOIS.

SE ABRA COM
ALGUÉM DE
CONFIANÇA.

**SIGA O PALPITE
DE ALGUÉM
IMPORTANTE.**

TALVEZ VOCÊ NÃO ESTEJA NO MOMENTO DE SE COMPROMETER.

TENTE.

SUAS ATITUDES MELHORARÃO AS COISAS.

PEÇA AJUDA.

SAIBA A HORA CERTA DE PARTIR.

ACEITE UMA MUDANÇA NA SUA ROTINA.

SIGA O CAMINHO
DE MENOR
RESISTÊNCIA.

VOCÊ VAI
PRECISAR SE
COMPROMETER.

VOCÊ PRECISA
DE MAIS
INFORMAÇÃO.

CONFIE NAS SUAS IDEIAS.

VOCÊ PRECISARÁ
TOMAR A
INICIATIVA.

ISSO CRIARÁ UM ALVOROÇO.

VOCÊ SUPERARÁ QUALQUER OBSTÁCULO.

TALVEZ SEJA
MELHOR SE FOCAR
NO TRABALHO.

SERÁ UM PRAZER.

SEJA MAIS GENEROSO.

CONTE COM ISSO.

BOAS COISAS ESTÃO NO SEU CAMINHO.

NÃO DÊ ESPAÇO PARA ARREPENDIMENTOS.

CONTRIBUA.

É POSSÍVEL QUE HAJA ALGUNS CONTRATEMPOS.

BUSQUE UMA CONCLUSÃO.

TER ESCOLHAS
DEMAIS É TÃO
RUIM QUANTO TER
ESCOLHAS
DE MENOS.

ESCUTE
ATENTAMENTE E
VOCÊ SABERÁ.

SIM.

A RESPOSTA ESTÁ
MAIS PERTO DO QUE
VOCÊ IMAGINA.

NÃO LEVE
ISSO A SÉRIO.

DEIXE SUAS EMOÇÕES TE GUIAREM.

SUAS ESCOLHAS AFETARÃO OUTRAS PESSOAS.

DEIXE PARA LÁ.

DIGA NÃO.

NÃO SE DISTRAIA.

DÊ TUDO DE SI.

VOCÊ NÃO SE IMPORTA COM ISSO DE VERDADE.

VOCÊ PRECISA
CONSIDERAR
OUTROS CAMINHOS.

ISSO NÃO IMPORTARÁ DAQUI A UM ANO.

SIGA O CONSELHO DE ESPECIALISTAS.

SERIA EXTRAORDINÁRIO.

CONTE ATÉ DEZ
E PERGUNTE
DE NOVO.

AJA COMO SE ISSO JÁ TIVESSE ACONTECIDO.

VOCÊ PRECISA ESTABELECER SUAS PRIORIDADES.

USE SUA IMAGINAÇÃO.

SERÁ ÓTIMO.

MANTENHA A CALMA PARA TOMAR A MELHOR DECISÃO.

AGUARDE.

VOCÊ DESCOBRIRÁ DURANTE O SEU PERCURSO.

SIGA AS DIREÇÕES.

**SEM SOMBRA
DE DÚVIDAS.**

¡CLARO!

PRESTE ATENÇÃO
NO QUE PODE ESTAR
ESCONDIDO.

VOCÊ SABE AGORA
MELHOR DO
QUE NUNCA.

CONFIE NA SUA INTUIÇÃO.

NÃO PERCA A OPORTUNIDADE.

**PERGUNTE
A ALGUÉM QUE
VOCÊ AMA.**

TALVEZ QUANDO
VOCÊ TIVER
MAIS IDADE.

TERMINE OUTRA COISA PRIMEIRO.

ALGUÉM PODE SE OPOR A VOCÊ.

TALVEZ.

É PRECISO SE DISTANCIAR MAIS PARA ENXERGAR.

SITUAÇÕES DIFÍCEIS EXIGEM COMPROMETIMENTO.

PERMITA-SE DESCANSAR PRIMEIRO.

VOCÊ NÃO TERÁ OUTRA CHANCE POR UM BOM TEMPO.

REPENSE SUA ABORDAGEM.

NÃO.

UM ESFORÇO SUBSTANCIAL PRECISA SER FEITO.

VOCÊ TERÁ QUE PAGAR O PREÇO POR ISSO.

VOCÊ PRECISA TOMAR UMA ATITUDE LOGO.

MANTENHA A OBJETIVIDADE.

ESPERE POR UMA OFERTA MELHOR.

SIM, MAS NÃO FORCE A BARRA.

TENTE ENXERGAR
AS COISAS DE
FORMA MAIS CLARA.

AGORA VOCÊ PODE.

SEJA JUSTO
COM OS SEUS
SENTIMENTOS.

NÃO EXAGERE.

GUARDE SUA ENERGIA.

**ISSO TORNARIA
AS COISAS MAIS
INTERESSANTES.**

O PREÇO PODE
SER MUITO ALTO.

SEJA PRÁTICO.

ISSO TE SUSTENTARÁ.

REAVALIE OS DETALHES.

ISSO É CERTO.

O RESULTADO
SERÁ POSITIVO.

TALVEZ VOCÊ
TENHA QUE ABRIR
MÃO DE OUTRAS
COISAS.

NÃO SE PREOCUPE.

CONTE PARA
ALGUÉM O QUE
ISSO SIGNIFICA
PARA VOCÊ.

OS RESULTADOS SERÃO DURADOUROS.

MANTENHA A
MENTE ABERTA.

ISSO É INCERTO.

É UM BOM MOMENTO PARA FAZER PLANOS.

PODE PARECER AMBICIOSO, MAS VALERÁ A PENA.

DESDOBRAMENTOS
INESPERADOS
PODEM SURGIR.

VOCÊ TERÁ MUITO APOIO.

PEDIR AJUDA É FUNDAMENTAL PARA O SUCESSO.

VALE O ESFORÇO.

BUSQUE MAIS ALTERNATIVAS.

ASSUMA O COMANDO.

É IMPOSSÍVEL ISSO DAR ERRADO.

RESPEITE AS REGRAS.

TENHA PERSISTÊNCIA E VALERÁ A PENA.

**COLABORAÇÃO
É A CHAVE.**

VOCÊ PODE SE DECEPCIONAR.

SIGA COM SUAS BOAS INTENÇÕES.

SE DÊ MAIS TEMPO
PARA DECIDIR.

CUMPRA COM AS SUAS OBRIGAÇÕES.

NÃO SE PRESSIONE A AGIR RÁPIDO DEMAIS.

NÃO IGNORE O ÓBVIO.

OUTRAS PESSOAS RESPEITARÃO SUAS ESCOLHAS.

NÃO SEJA PRÁTICO DEMAIS.

SEJA UM BOM
EXEMPLO A SER
SEGUIDO.

NÃO VALE O ESFORÇO.

NÃO ESQUEÇA
DE SE DIVERTIR.

TENTE UMA
SOLUÇÃO
MENOS ÓBVIA.

DEIXE ALGUMAS
SOLUÇÕES ANTIGAS
PARA TRÁS.

GUARDE PARA VOCÊ.

A ALEGRIA ESTÁ EM
EXPLORAR A SUA
CURIOSIDADE.

NÃO SEJA
EXIGENTE DEMAIS.

NÃO DÊ
ESPAÇO PARA
ARREPENDIMENTOS.

NÃO LEVE PARA O LADO PESSOAL.

SEJA PERSISTENTE.

ESCOLHA O QUE TE FARÁ FELIZ.

NÃO DEIXE QUE O
DINHEIRO DECIDA
O CAMINHO.

ISSO SE RESOLVERÁ SOZINHO.

TENTE ALGO QUE VOCÊ NUNCA FEZ ANTES.

A MAGIA ESTÁ
EM SEGUIR O
CORAÇÃO.

PENSE ONDE QUER ESTAR E CAMINHE PARA LÁ.

ABRA UM LEQUE MAIOR DE OPÇÕES.

NÃO FAÇA
SUPOSIÇÕES.

RESPEITE
OS SEUS IDEAIS.

SEJA ENGENHOSO.

ENCONTRE MAIS TEMPO PARA ISSO.

NADA VAI SE
COMPRAR A ISSO.

SERÁ UMA BELA OPORTUNIDADE.

NÃO DESISTA
DO SEU DIREITO
DE ESPERAR.

NÃO.

NÃO DEIXE ESSE MOMENTO PASSAR.

**VOCÊ TERÁ
QUE SE CONTENTAR
COM A SITUAÇÃO.**

ESCOLHA O
QUE VAI TE AJUDAR
A CRESCER.

SEJA GENTIL.

ARRISQUE-SE.

VOCÊ TEM O NECESSÁRIO PARA PROSPERAR.

NEM TODOS VÃO TE APOIAR NESSA DECISÃO.

VOCÊ ENCONTRARÁ
A FORÇA DE QUE
PRECISA.

EMBARQUE EM UMA AVENTURA.

SEJA DISCRETO.

É PRECISO CONSIDERAR MAIS ALTERNATIVAS.

ACHE UM JEITO.

PODE SER UMA
QUESTÃO DE
ORGULHO.

NÃO SE DEIXE LEVAR PELAS EMOÇÕES.

COLABORE DA
FORMA QUE PUDER.

CHEGUE CEDO.

VOCÊ ESTÁ PERTO
DE DESCOBRIR.

SIM.

NÃO ASSUMA O RISCO.

**MANTENHA
AS COISAS DO JEITO
QUE ESTÃO.**

VOCÊ ESTÁ FOCANDO DEMAIS NOS DETALHES.

SEJA JUSTO COM O SEU PROCESSO.

DURMA MAIS.

CONTRIBUA.

USE A SUA IMAGINAÇÃO.

NÃO SE LIMITE.

CONSTRUA ALGO MAIOR.

MIRE MAIS ALTO.

ENCARE ISSO COM NATURALIDADE.

RECOMEÇAR FAZ PARTE DO JOGO.

TENHA JOGO
DE CINTURA.

TOME AS RÉDEAS DA SITUAÇÃO.

NÃO SEJA
CRÍTICO DEMAIS.

DEPOSITE SEUS SENTIMENTOS NO LUGAR CERTO.

O RESULTADO DEPENDE DE VOCÊ.

PRESTE ATENÇÃO
NO QUE PODE ESTAR
ESCONDIDO.

DEIXE SUAS EMOÇÕES TE GUIAREM.

OLHE MAIS DE PERTO.

NÃO SE PREOCUPE.

VOCÊ É CAPAZ DE FAZER ISSO POR CONTA PRÓPRIA.

MUDE O SEU FOCO.

PEÇA AJUDA.

FAÇA O SEU
MELHOR PARA
ELEVAR O PADRÃO.

REFLITA SE É ISSO QUE VOCÊ REALMENTE QUER.

HÁ UMA BOA
RAZÃO PARA
SER OTIMISTA.

NÃO SE DISTRAIA.

DESFRUTE DE UM
NOVO CENÁRIO.

VOCÊ PRECISARÁ SE ACOMODAR.

BOAS COISAS
ESTÃO POR VIR.

NÃO IMPORTA QUANDO, DESDE QUE VOCÊ FAÇA.

ISSO MUDARÁ
O RUMO DA
SUA SORTE.

NÃO RESISTA.

SIGA O CAMINHO.

**DIGA O QUANTO
SE IMPORTA.**

A MELHOR SOLUÇÃO PODE SER A MAIS ÓBVIA.

NÃO SEJA CAUTELOSO DEMAIS.

VOCÊ PODE SE ARREPENDER.

ESCOLHA AS SUAS PALAVRAS COM CUIDADO.

LIMITE AS OPÇÕES.

**DIVIRTA-SE
LÁ FORA.**

SERIA UM PRAZER.

SEJA PONTUAL.

HÁ MAIS
COISAS QUE VOCÊ
PRECISA SABER.

TUDO NO SEU TEMPO.

DESCUBRA OS FATOS.

NÃO SE VOCÊ ESTIVER SOZINHO.

VOCÊ NÃO ESTÁ SE DEDICANDO DE CORAÇÃO.

JAMAIS.

ISSO NÃO IMPORTARÁ DAQUI A UM ANO.

VOCÊ ESTÁ PRONTO PARA ISSO?

SIM, VOCÊ DEVE.

CONSERVE SEUS RECURSOS.

NEGOCIE ALGO MELHOR.

NÃO.

NÃO HÁ ESPAÇO PARA A RAZÃO AQUI.

FAVOREÇA AS COISAS BOAS.

ISSO NÃO É SIGNIFICATIVO.

VOCÊ TEM MUITO MAIS A OFERECER.

SAIBA O QUE É IMPORTANTE PARA VOCÊ.

VOCÊ MERECE O MELHOR.

COISAS MELHORES ESTÃO À SUA PROCURA.

SÓ DEPENDE DE VOCÊ.

DEIXE SEU
CORAÇÃO MOSTRAR
O CAMINHO.

NÃO VALE O
SEU ESFORÇO.

PERSISTA E VALERÁ A PENA.

**RESPEITE
AS REGRAS.**

'ISSO É INCERTO.

TALVEZ QUANDO
VOCÊ TIVER
MAIS IDADE.

OUÇA A VOZ DE
ALGUÉM MAIS
EXPERIENTE.

**CONFIE NA
SUA INTUIÇÃO.**

VOCÊ JÁ SABE A RESPOSTA.

SERÁ ÓTIMO.

DEIXE PARA LÁ.

BUSQUE
UMA CONCLUSÃO.

ENCERRE ESTA
ETAPA E SIGA
EM FRENTE.

**BOAS COISAS ESTÃO
NO SEU CAMINHO.**

NÃO DESANIME
COM OS
CONTRATEMPOS.

ACEITE UMA MUDANÇA NA SUA ROTINA.

NÃO ABRA MÃO
DOS SEUS IDEAIS.

VOCÊ PRECISARÁ TOMAR A INICIATIVA.

OUÇA A VOZ DO CORAÇÃO.

SE PERMITA SENTIR
CADA PARTE DESTE
PROCESSO.

APRENDA A SE PRIORIZAR.

NÃO LEVE ISSO A SÉRIO.

MANIFESTE-SE SOBRE ISSO.

DEFINITIVAMENTE.

ESTE NÃO É O
MELHOR PASSO.

**ADOTE
UMA ATITUDE
AVENTUREIRA.**

DESCANSE ANTES DE PROSSEGUIR.

ISSO TE TRARÁ
BOA SORTE.

SEU CORAÇÃO SABE
O QUE QUER.

VOCÊ DARÁ A PALAVRA FINAL.

ESCOLHA SUAS
PALAVRAS COM
CUIDADO.

SEJA O SEU MELHOR ADVOGADO.

TENHA CUIDADO
ONDE PISA.

SEJA PACIENTE.

PODE NÃO PARECER AGORA, MAS É MELHOR SEGUIR EM FRENTE.

RESPEITE SEUS DESEJOS.

O LIVRO DAS RESPOSTAS

PASSO A PASSO

1º Segure o livro fechado entre as mãos, deixe-o no seu colo ou coloque-o em cima de uma mesa.

2º Concentre-se em uma única pergunta por 10 ou 15 segundos. Ela deve ser direta, como, por exemplo: "Devo abrir meu coração para o amor?" ou "Estou procurando pelo emprego certo?".

3º Enquanto mentaliza a pergunta, gire o livro nas mãos para escolher um sentido de leitura e, sem olhar, busque a página que fala com o seu coração.

4º Quando sentir que é o momento certo, abra o livro. Lá estará a sua resposta.

 Repita o processo sempre que quiser fazer uma nova pergunta.

COMO UTILIZAR O LIVRO

CAROL BOLT

O LIVRO DAS RESPOSTAS

a sabedoria está na simplicidade

Tradução
Verena Cavalcante

DARKSIDE

MAGICAE
DARKSIDE

The Book of Answers
Copyright © 2001, 2018, 2022 by Carol Bolt
Todos os direitos reservados.

Tradução para a língua portuguesa
© Verena Cavalcante, 2022

Para minha mãe e meu pai, Doris Anderson e Robert Gillis Bolt.
Sou eternamente grata pela existência de vocês e pelo seu amor.

CAROL BOLT é uma artista multidisciplinar que incorpora palavras, desenhos e elementos interativos em seu trabalho. Seus projetos são inspirados pelo interesse que nutre por objetos e imagens culturais convencionais. Suas obras foram amplamente exibidas em locais como Filadélfia, Seattle e Los Angeles. Ela é bacharel em Belas Artes pela Universidade de Delaware e mestre em Belas Artes pela Universidade de Washington. Carol publicou este livro em 1999. Desde então, a obra ganhou mais de vinte edições internacionais e vendeu mais de um milhão de cópias pelo mundo.

DADOS INTERNACIONAIS DE CATALOGAÇÃO NA PUBLICAÇÃO (CIP)
Jéssica de Oliveira Molinari - CRB-8/9852

Bolt, Carol
O livro das respostas / Carol Bolt ; tradução de Verena Cavalcante.
— Rio de Janeiro : DarkSide Books, 2022.
352 p.

ISBN Moon Edition: 978-65-5598-178-0
ISBN Secret Edition: 978-65-5598-179-7
Título original: The Book of Answers

1. Adivinhação I. Título II. Cavalcante, Verena

22-1447 CDD 133.3

Índices para catálogo sistemático:
1. Adivinhação

[2022]
Todos os direitos desta edição reservados à
DarkSide® *Entretenimento LTDA.*
Rua General Roca, 935/504 – Tijuca
20521-071 – Rio de Janeiro – RJ — Brasil
www.darksidebooks.com